BEI GRIN MACHT SICH IHR
WISSEN BEZAHLT

Finanzen und Controlling. Aufgaben zum Kosten- und Informationsmanagement

GRIN

Bibliografische Information der Deutschen Nationalbibliothek:

Die Deutsche Nationalbibliothek verzeichnet diese Publikation in der Deutschen Nationalbibliografie; detaillierte bibliografische Daten sind im Internet über http://dnb.d-nb.de abrufbar.

ISBN: 9783346686695
Dieses Buch ist auch als E-Book erhältlich.

© GRIN Publishing GmbH
Nymphenburger Straße 86
80636 München

Druck und Bindung: Books on Demand GmbH, Norderstedt Germany
Gedruckt auf säurefreiem Papier aus verantwortungsvollen Quellen

Das vorliegende Werk wurde sorgfältig erarbeitet. Dennoch übernehmen Autoren und Verlag für die Richtigkeit von Angaben, Hinweisen, Links und Ratschlägen sowie eventuelle Druckfehler keine Haftung.

Das Buch bei GRIN: https://www.grin.com/document/1251375

Deutsche Hochschule für
Prävention und Gesundheitsmanagement
Hermann-Neuberger-Sportschule 3
66123 Saarbrücken

Hausarbeit

Studiengang	Prävention und Gesundheitsmanagement
Studienmodul	Finanzen und Controlling I
Datum Präsenzphase (siehe Ergebnisdokumentation)	17.01. – 19.01.2022
Aufgabe	1) Kostenmanagement 2) Mehrstufige Deckungsbeitragsrechnung 3) Investitionsmanagement

Inhaltsverzeichnis

1 Kostenmanagement

Die folgenden Aufgaben befassen sich mit der Thematik Mengeneffekte innerhalb einer Firma und der Bruttopreisberechnung für eine Herz-Stressmessungsberatung.

1.1 Mengeneffekt

Für den Tag der offenen Tür des Reha Zentrums wurde die Firma „hurricane-werbung.de" beauftragt Flyer zu drucken. Der Geschäftsführer bat den Praktikanten 100 Flyer zu bestellen, allerdings fällt dem Praktikanten auf, dass 2.500 Flyer nur geringfügig teurer sind. Die Herstellung der Flyer startet nach der Festlegung des Designs mit der Erstellung der Druckdatei. Mit dieser Datei können beliebig viele Flyer gedruckt werden. Die anfallenden Fixkosten, zum Beispiel für die Miete, Löhne und Abschreibungen werden auf die Stückzahl runter gerechnet. Aufgrund einer hohen Stückzahl, in diesem Beispiel 2.500 Stück statt 100 Stück, sinkt der Anteil der Fixkosten pro Stück mit zunehmender Stückzahl. Diese Kostensenkung wird auch als Fixkostendegression beschrieben und dadurch kann das herstellende Unternehmen entweder einen geringen Stückpreis anbieten oder bei gleichbleibendem Preis die Gewinne erhöhen (Brecht, 2012, S. 57). Im Gegensatz zu der Flyer Produktion fallen bei der Produktion von Trikots mit Flockdruck vor allen variable Kosten an. Diese Kosten sind abhängig von der Ausbringungsmenge und ändern sich dem entsprechend. Beispielsweise wird auf jedes Trikot ein anderer Name gedruckt, so muss für jedes Trikot eine Schablone angefertigt werden, die dann nur ein einziges Mal benutzt werden kann. Des Weiteren werden für jeden Arbeitsschritt, wie beispielsweise das Ausschneiden des Motives und das Platzieren auf dem Trikot Arbeitskräfte bzw. Arbeitsstunden benötigt. Dadurch bleiben die Stückkosten trotz einer höheren Ausbringungsmenge konstant. Bei einer sehr großen Ausbringungsmenge greift zwar auch die Fixkostendegression, allerdings bleibt der Effekt wie beispielsweise bei der Flyer Herstellung aus, da die hohen variablen Kosten diesen überkompensieren.

1.2 Berechnung des Bruttoverkaufspreises für eine Herz-Stressmessung

Die folgende Aufgabe befasst sich mit der Berechnung des Bruttoverkaufspreises für eine Herz-Stressmessung unter der Betrachtung des gegeben Deckungsbeitrages in Höhe von 250,00€ pro Monat.

Es wird davon ausgegangen, dass im Monat 320 Beratungen durchgeführt werden und davon 25% eine Herz-Stressmessung in Anspruch nehmen werden.

320 Beratungen / 100% = 3,2 * 25% = 80 Messungen pro Monat

Von den 25% die eine Herz-Stressmessung in Anspruch nehmen werden, werden vier Fünftel eine Mitgliedschaft abschließen.

80 Messungen / 5 = 16 x 4 = 64 Mitgliedschaften

Ein Mitarbeiter erhält für den Abschluss einer Mitgliedschaft nach einer Herz-Stressmessung 5,50€ Provision.

64 Mitgliedschaften x 5,50€ = 352,00€ Provision im Monat

Direkt zurechenbare Kosten, zum Beispiel Material, Reinigung und Personal belaufen sich pro Messung auf 14,40€

80 Messungen x 14,40€ = 1.152,00€

Die Anschaffungskosten belaufen sich auf 8.086,05€ brutto.

8.086,05€ / 1,19 = 6795,00€ netto

Die Nutzungsdauer lauf Afa beträgt 5 Jahre.

6795,00€ / 5 Jahre = 1359,00€ pro Jahr

Die Kosten pro Monat belaufen sich dadurch auf

1359,00€ / 12 Monate = 113,25€ im Monat

Der Deckungsbeitrag soll am Ende jeden Monats 250,00€ betragen und muss zu den Kosten gerechnet werden. Insgesamt liegen die Kosten für die Herz- Stressmessung im Monat damit bei:

352,00€ Provision
+ 1.152,00€ direkt zurechenbare Kosten
+ 113,25€ Anschaffungskosten
+ 250,00€ Deckungsbeitrag
=1.867,25€

Kunden, die nach der Herz-Stressmessung eine Mitgliedschaft abschließen, bekommen 65% der Gebühren zurückerstattet und damit nur 35% des vollen Preises.

64 abgeschlossene Mitgliedschaften x 0,35 = 22,4 Messungen

Demnach erfolgen 22,4 Messungen im Monat mit 65% Rabatt.

64 Kunden haben eine Mitgliedschaft abgeschlossen, dadurch ergibt sich zu den insgesamt 80 Messungen im Monat eine Differenz von 16 Kunden, die keine Mitgliedschaft abschließen.

16 Kunden zahlen den vollen (100%) Preis.

16 + 22,4 = 38,4 Messungen

Demnach erfolgen 38,4 Messungen im Monat zum vollen Preis.

Die Kosten pro Monat müssen durch die Messungen zum vollen Preis geteilt werden, um den Nettoverkaufspreis pro Messung zu ermitteln.

1.867,25€ / 38,4 Messungen = 48,63€

Die Mehrwertsteuer muss zur Ermittlung des Bruttoverkaufspreises auf den Nettoverkaufspreis gerechnet werden.

48,63€ x 1,19 = 57,87€

Um einen Deckungsbeitrag pro Monat in Höhe von 250,00€ zu erzielen, muss der Bruttoverkaufspreis für eine Herz-Stressmessung 57,87€ betragen.

1.3 Mögliche Provision bei Preissenkung

Der Nettoverkaufspreis in Höhe von 48,63€ soll um 5,00€ reduziert werden.

Dadurch ergibt sich ein neuer Umsatz in Höhe von

43,63€ x 38,4 Messungen = 1675,30€

1675,30€

- 250,00€ Deckungsbeitrag

- 1.152,00€ direkt zurechenbare Kosten

- 113,25€ Anschaffungskosten pro Monat

= 160,15€ Provision

Da nur für abgeschlossene Mitgliedschaften nach einer Herz-Stressmessung Provision gezahlt wird, muss die gesamte Provision in Höhe von 160,15€ noch durch die 64 abgeschlossenen Mitgliedschaften gerechnet werden. Damit ergibt eine Provision von 160,15€ 64 Mitgliedschaften = 2,50€

Bei einem Nettoverkaufspreis von 43,63€ und gleichbleibenden Bedingungen kann eine Provision in Höhe von 2,50€ gezahlt werden.

2 Mehrstufige Deckungsbeitragsrechnung

Die Deckungsbeitragsrechnung hat das Ziel, die Kosten für ein Objekt einzeln aufzuzeigen und herauszufinden ob nach Abzug der gesamten Kosten ein Gewinn übrigbleibt. Bei der mehrstufigen Deckungsbeitragsrechnung werden schrittweise die Fixkosten zugerechnet (Kühnapfel, 2017, S.32 – 37). Die nachfolgenden Aufgaben beschäftigen sich mit der mehrstufigen Deckungsbeitragsrechnung, einer Berechnung für einen korrigierten Deckungsbeitrag und der Darstellung von zwei Szenarien zum Thema Produktionsstopp in der SportySpiceFit-AG.

2.1 Mehrstufige Deckungsbeitragsrechnung

In der nachfolgenden Tabelle wurden die gegeben Daten zu den einzelnen Fitnesstrackern der SportySpiceFit-AG aufgelistet und die Grenz-Selbstkosten für die folgende mehrstufige Deckungsbeitragsrechnung berechnet.

Tabelle 1: Daten der einzelnen Fitness-Tracker der SportySpiceFit-AG

	Start 1	Eclipse	Mighty Mike	Highflyer
Produktions-/Absatzmenge	8.300	10.000	3.500	2.000
Verkaufspreis/Stück	75,00€	99,00€	200,00€	350,00€
Bruttoerlöse	8.300 x 75,00€ = 622.500,00€	10.000 x 99,00€ = 990.000,00€	3.500 x 200€ = 700.000,00€	2.000 x 350€ = 700.000,00€
Grenz-Herstellkosten pro Stück (HK)	35,00€	39,00€	76,00€	154€
Grenz-Verwaltungs- und Vertriebskosten pro Stück (VVK)	11,00€	11,00€	16,00€	25,00€
Variable Kosten insgesamt	35,00€+11,00€ = 46,00€	39,00€ + 11,00€ = 50,00€	76,00€ + 16,00€ = 92,00€	154,00€ + 25,00€ = 179,00€
Grenz-Selbstkosten	46,00€ x 8.300 = 381.800,00€	50.00€ x 10.000 = 500.000,00€	92,00€ x 3.500 = 322.000,00€	179,00€ x 2.000 = 358.000,00€

Die folgende Tabelle zeigt die mehrstufige Deckungsbeitragsrechnung der Sporty-SpiceFit-AG.

Tabelle 2: Mehrstufige Deckungsbeitragsrechnung der SportySpiceFit-AG

	Economy-Bereich		Performance-Bereich		
	Start1	Eclipse	Mighty Mike	Highflyer	Summe
Nettoerlöse	622.500,00€	990.000,00€	700.000,00€	700.000,00€	3.012.500,00€
-Erlösschmälerung	0,00€	0,00€	0,00€	0,00€	0,00€
= Nettoerlöse	622.500,00€	990.000,00€	700.000,00€	700.000,00€	3.012.500,00€
-Grenz-Selbstkosten	381.800,00€	500.000,00€	322.000,00€	358.000,00€	1.561.800,00€
= Produktart DB	240.700,00€	490.000,00€	378.000,00€	342.000,00€	1.450.700,00€
-Produktartenfixkosten	105.000,00€	146.000,00€	197.000,00€	250.000,00€	698.000,00€
= Rest-Deckungsbeitrag I	135.700,00€	344.000,00€	181.000€	92.000€	752.700,00€
-Bereichsfixkosten		54.000,00€		78.000€	132.000,00€
=Rest-Deckungsbeitrag II		425.700,00€		195.000,00€	620.700,00€
-Unternehmensfixkosten				315.000,00€	315.000,00€
=Betriebsergebnis				305.700,00€	305.700,00€

Das Betriebsergebnis der SportySpriceFit-AG für das nächste Jahr beträgt 305.700,00€.

2.2 Planänderung

Aufgrund eines neuen Produktes von einem Konkurrenten will die SportySpiceFit-AG das Absatzziel des Fitness-Trackers „Might Mike" von 3.500 Stück auf 2.000 Stück korrigieren. Aufgrund der fortgeschrittenen Produktion lässt sich die Produktionsmenge allerdings nur noch auf 3.000 Stück korrigiere.

Die nachfolgende Tabelle zeigt die neue Berechnung der Grenz-Selbstkosten für abgesetzte und nicht abgesetzte Produkte des Modells „Mighty Mike" an.

Tabelle 3: Berechnung zu den abgesetzten und nicht abgesetzten Produkten des Modells "Mighty Mike"

	Start1	Eclipse	Mighty Mike	Highflyer
Produktions-/Absatzmenge	8.300	10.000	2.000	2.000
Produziert, aber nicht abgesetzt			1.000	
Verkaufspreis/Stück	75,00€	99,00€	200,00€	350,00€
Bruttoerlöse	8.300 x 75,00€ =622.500,00€	10.000 x 99,00€ = 990.000,00€	2.000 x 200€ = 400.000,00€	2.000 x 350€ = 700.000,00€
Grenz-Herstellkosten (fallen auch bei nicht abgesetzten Produkten zu 100% an)	35,00€	39,00€	76,00€	154€
Grenz-Verwaltungs- und Vertriebskosten (für abgesetzte Produkte)	11,00€	11,00€	16,00€	25,00€
Grenz-Verwaltungs- und Vertriebskosten (fallen bei nicht abgesetzten Produkten zu 50% an)			16,00€ x 0,5 = 8,00€	
Variable Kosten insgesamt (abgesetzte Produkte)	35,00€+11,00€ = 46,00€	39,00€ + 11,00€ = 50,00€	76,00€ + 16,00€ = 92,00€	154,00€ + 25,00€ = 179,00€
Grenz-Selbstkosten (abgesetzte Produkte)	46,00€ x 8.300 = 381.800,00€	50.00€ x 10.000 = 500.000,00€	92,00€ x 2.000 = 184.000,00€	179,00€ x 2.000 = 358.000,00€
Variable Kosten insgesamt (nicht abgesetzte Produkte)			76,00€ + 8,00€ = 84,00€	
Grenz-Selbstkosten (nicht abgesetzte Produkte)			84,00€ x 1.000 = 84.000,00€	

Die nachfolgende Tabelle zeigt die neue Berechnung und den damit korrigierten Deckungsbeitrag des Modells „Mighty Mike", sowie das neue Unternehmensergebnis der SportySpiceFit-AG für das nächste Jahr.

Tabelle 4: Korrigierter Deckungsbeitrag aufgrund von Änderung der Produktions- und Absatzmenge des Modells „Mighty Mike"

	Economy-Bereich		Performance-Bereich		
	Start1	Eclipse	Mighty Mike	Highflyer	Summe
Bruttoerlöse	622.500,00€	990.000,00€	400.000,00€	700.000,00€	2.712.500,00€
-Erlösschmälerung	0,00€	0,00€	0,00€	0,00€	0,00€
= Nettoerlöse	622.500,00€	990.000,00€	400.000,00€	700.000,00€	2.712.500,00€
-Grenz-Selbstkosten (abgesetzte Produkte)	381.800,00€	500.000,00€	184.000,00€	358.000,00€	1.423.800,00€
-Grenz-Selbstkosten (nicht abgesetzte Produkte)			84.000,00€		84.000,00€
= Produktart DB	240.700,00€	490.000,00€	132.000,00€	342.000,00€	1.204.700,00€
-Produktartenfixkosten	105.000,00€	146.000,00€	197.000,00€	250.000,00€	698.000,00€
= Rest-Deckungsbeitrag I	135.700,00€	344.000,00€	-65.000€	92.000€	506.700,00€
-Bereichsfixkosten	54.000,00€		78.000€		132.000,00€
=Rest-Deckungsbeitrag II	425.700,00€		-51.000,00€		374.700,00€
-Unternehmensfixkosten				315.000,00€	315.000,00€
=Betriebsergebnis				59.700,00€	59.700,00€

Das Betriebsergebnis der SportySpiceFit-AG für nach der Änderung der Produktions- und Absatzmenge des Modells „Mighty Mike" beträgt im nächsten Jahr 59.700,00€

2.3 Programmbereinigung

Von der neuen Konkurrenz ist auch das Fitness-Tracker Modell „Highflyer" betroffen. Durch die Mindereinnahmen ist der Rest-Deckungsbeitrag I auf -10.000,00€ gesunken. Die folgende Betrachtung zeigt zwei Szenarien zum Thema „Produktionsstopp – ja oder nein?" und die Berechnungen des möglichen Betriebsergebnisses der SportySpiceFit-AG auf. Wenn das Produkt „Highflyer" eingestellt wird, dann entfallen zwar für diesen Produkttypen die variablen Kosten (Produktions-, Verwaltungs- und Vertriebskosten), allerdings bleiben die Fixkosten in Höhe von 250.000,00€ bestehen. Denn die Fixkosten, wie beispielsweise die Miete der Produktionshalle und die Abschreibungen für die Maschinen, würden weiterhin anfallen. Durch die Produktionseinstellung des „Highflyer" würden ein Minus von 250.000,00€ beim Rest-Deckungsbeitrag I entstehen. Ebenso würden die Bereichsfixkosten in Höhe von 78.000,00€ bestehen bleiben und allein vom Modell „Mighty Mike" getragen werden. Hierdurch würde ein Rest-Deckungsbeitrag II von -393.000,00€ im Performance-Bereich entstehen. Das Betriebsergebnis der Sporty-SpiceFit-AG würde sich somit auf -282.300,00€ belaufen. Ein Produktionstopp wäre also nur sinnvoll, wenn sich die Produktartenfixkosten schnell abbauen lassen, zum Beispiel durch den Verkauf der Produktionsmaschinen und einer Vermietung der Produktionshalle oder die Maschinen für ein anderes Produkt nutzen lassen. Wenn die Grenz-Selbstkosten des „Highflyers" so reduziert werden könnten, dass der Produktartendeckungsbeitrag 250.000,00€ ergibt und damit die Produktfixkosten gedeckt werden, dann könnte das Produkt weiterhin hergestellt und vertrieben werden. Durch die reduzierten Grenz-Selbstkosten und den Produktartendeckungsbeitrag in Höhe von 250.000,00€ ergibt sich ein Rest-Deckungsbeitrag I von 0,00€. Der Rest-Deckungsbeitrag II beläuft sich dadurch auf 143.000,00€ und das Betriebsergebnis der SportySpiceFit-AG beträgt dann – 32.300,00€. Aufgrund des verbesserten Betriebsergebnisses könnte das Modell „Highflyer" weiterhin produziert und vertrieben werden. Wichtig ist allerdings den Absatzmarkt, die Konkurrenz und die Kunden weiterhin zu beobachten, um im nächsten Jahr ein positives Betriebsergebnis zu erreichen.

3 Investitionsmanagement

Die folgenden Aufgaben beschäftigen sich mit einer Recherche zum Thema „EGYM Zirkel", Berechnungen zum Thema Kapitalwert und interne Zinsfüße, sowie deren Beurteilung, Vergleich und kritische Betrachtung.

3.1 Recherche

Die nächste Aufgabe beschäftigt sich mit der Anschaffung eines neuen EGYM Zirkels für ein fiktives Studio im Premiumsegment.

Der neue EGYM Zirkel besteht aus 8 Geräten. Dabei handelt es sich um die Modellreihe „Smart Strength", die mit Touch-Displays ausgestattet sind. Mitglieder, die dieses Angebot kostenpflichtig dazu buchen, erhaltet einen digitalen Trainingsplan und können ihre Trainingserfolge durch eine attraktive spielerische Darstellung nachverfolgen und ausbauen. Die 8 Geräte des EGYM Zirkels kosten insgesamt 89.922,20€ netto. Zusätzlich kommen je Gerät 420,00€ netto Lieferkosten und 290,00€ netto (siehe Abbildung 2) Installationskosten dazu. Zusätzlich wird einmalig noch die dazugehörige Hardware, bestehend aus IPad, Hülle und LAN Solution, sowie die App und jeweils eine Schulung für die Einführung und die Prozessoptimierung dazu gebucht. Die Kosten belaufen sich hierbei auf 3.909€ netto (siehe Abbildung 2). Dadurch ergibt sich eine Anschaffungsauszahlung von 99.511,20€ netto.

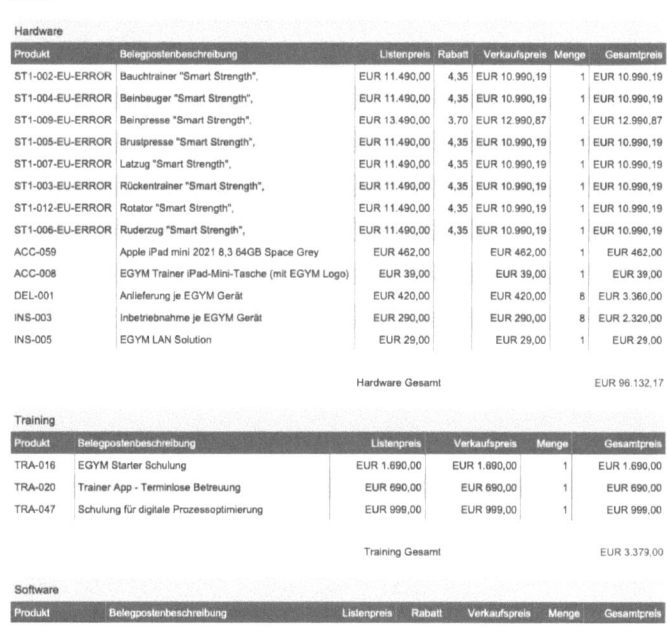

Angebot

Hardware

Produkt	Belegpostenbeschreibung	Listenpreis	Rabatt	Verkaufspreis	Menge	Gesamtpreis
ST1-002-EU-ERROR	Bauchtrainer "Smart Strength",	EUR 11.490,00	4,35	EUR 10.990,19	1	EUR 10.990,19
ST1-004-EU-ERROR	Beinbeuger "Smart Strength",	EUR 11.490,00	4,35	EUR 10.990,19	1	EUR 10.990,19
ST1-009-EU-ERROR	Beinpresse "Smart Strength",	EUR 13.490,00	3,70	EUR 12.990,87	1	EUR 12.990,87
ST1-005-EU-ERROR	Brustpresse "Smart Strength",	EUR 11.490,00	4,35	EUR 10.990,19	1	EUR 10.990,19
ST1-007-EU-ERROR	Latzug "Smart Strength".	EUR 11.490,00	4,35	EUR 10.990,19	1	EUR 10.990,19
ST1-003-EU-ERROR	Rückentrainer "Smart Strength",	EUR 11.490,00	4,35	EUR 10.990,19	1	EUR 10.990,19
ST1-012-EU-ERROR	Rotator "Smart Strength",	EUR 11.490,00	4,35	EUR 10.990,19	1	EUR 10.990,19
ST1-006-EU-ERROR	Ruderzug "Smart Strength",	EUR 11.490,00	4,35	EUR 10.990,19	1	EUR 10.990,19
ACC-059	Apple iPad mini 2021 8,3 64GB Space Grey	EUR 462,00		EUR 462,00	1	EUR 462,00
ACC-008	EGYM Trainer iPad-Mini-Tasche (mit EGYM Logo)	EUR 39,00		EUR 39,00	1	EUR 39,00
DEL-001	Anlieferung je EGYM Gerät	EUR 420,00		EUR 420,00	8	EUR 3.360,00
INS-003	Inbetriebnahme je EGYM Gerät	EUR 290,00		EUR 290,00	8	EUR 2.320,00
INS-005	EGYM LAN Solution	EUR 29,00		EUR 29,00	1	EUR 29,00

Hardware Gesamt   EUR 96.132,17

Training

Produkt	Belegpostenbeschreibung	Listenpreis	Verkaufspreis	Menge	Gesamtpreis
TRA-016	EGYM Starter Schulung	EUR 1.690,00	EUR 1.690,00	1	EUR 1.690,00
TRA-020	Trainer App - Terminlose Betreuung	EUR 690,00	EUR 690,00	1	EUR 690,00
TRA-047	Schulung für digitale Prozessoptimierung	EUR 999,00	EUR 999,00	1	EUR 999,00

Training Gesamt   EUR 3.379,00

Software

Produkt	Belegpostenbeschreibung	Listenpreis	Rabatt	Verkaufspreis	Menge	Gesamtpreis

Fon +49 (0)89 / 9 21 31 05 - 00 I Fax +49 (0)89 / 9 21 31 05 - 99 I support@egym.de I www.egym.de

Abbildung 1: Angebot EGYM Zirkel (E-Mail an die Friebe Fitness GmbH vom 31.01.2022)

Für die Nutzung des EGYM Zirkels soll eine zusätzliche Gebühr von 9,90€ netto pro Monat erhoben werden. Das fiktive Premiumstudio hat 1.698 Mitglieder. Der bereits vorhandene Zirkel wird von ca. 70% der Mitglieder genutzt, durch den Austausch des Zirkels und den zusätzlichen Gebühren wird davon ausgegangen, dass anfangs ca. 50% der Mitglieder die EGYM Zirkel dazu buchen. In den beiden darauffolgenden Perioden werden jeweils weitere 50 Mitglieder die Leistung in Anspruch nehmen wollen und dazu buchen.

1.698 Mitglieder x 0,5 = 849 Mitglieder, die den neuen EGYM Zirkel direkt dazu buchen.
849 Mitglieder x 9,90€ netto Monatsbeitrag = 8405,10€ netto.
In der zweiten und dritten Periode werden jeweils 50 Mitglieder den Zirkel dazu buchen.
50 Mitglieder x 9,90€ netto = 495,00€ netto zusätzlich in der zweiten und dritten Periode.

Für die Einführung in den EGYM Zirkel und die zusätzliche App, sowie in die Einweisung der neuen Geräte und Trainingsmöglichkeiten fällt eine einmalige Einweisungsgebühr von 15,00€ netto pro Mitglied an.
849 Mitglieder x 15,00€ netto = 12.735,00€. netto
50 Mitglieder x 15,00€ netto = 750€ netto zusätzlich in der zweiten und dritten Periode.

Pro Mitglied und Einweisungstermin werden ca. 30 Minuten veranschlagt. Der zu zahlende Stundenlohn der Trainer liegt bei 20€ die Stunde.
849 Mitglieder / 2 = 424,5 x 20€ Stundenlohn = 8490€ Lohn für die Einweisung in der ersten Periode.
50 Mitglieder / 2 = 25 x 20€ Stundenlohn = 500€ Lohn für die Einweisungen in der zweiten und dritten Periode.

Des Weiteren fallen monatliche Kosten für die Software in Höhe von 79,90€ an, sowie ca. 800,00€ Warmmiete für die Zirkelfläche.

Tabelle 5: Ermittelte Ein- und Auszahlungen für den EGYM Zirkel

t	0	1	2	3
E_t (EUR)	0,00€	21.225,00€	9.650,10€	9.650,10€
A_t (EUR)	99.511,20€	9.369,90€	1.379,90€	1.379,90€

3.2 Investitionsbeurteilung

Die Therapie AG stellt spezielle Therapiegeräte her und will seine Produktionskapazitäten durch die Investition in neue Produktionsmaschinen weiter ausbauen. In den folgenden Aufgaben werden die zwei Alternativen (A und B) anhand der Kapitalwertmethode und der internen Zinsfußmethode verglichen und beurteilt.

3.2.1 Berechnung der Kapitalwerte

Für die Berechnung der Kapitalwerte wird die folgende Formel benötigt:

$$K_0 = -A_0 + \sum (E_t - A_t)(1 + i)^{-t} + L_n(1 + i)^{-n}$$

Auf Grundlage der zuvor genannten Formel wird der Kapitalwert für Maschine A und Maschine B mit einem Kalkulationszinssatz von 10% p.a. berechnet.

Maschine A

$K_0 = -700.000€ + (200.000€ - 80.000€) \times (1 + 0,1)^{-1} + (220.000€ - 70.000€) \times (1 + 0,1)^{-2}$
$+ (225.000€ - 70.000€) \times (1 + 0,1)^{-3} + (215.000€ - 65.000€) \times (1 + 0,1)^{-4} + (230.000€ - 60.000€) \times (1 + 0,1)^{-5} + 250.000€ \times (1 + 0,1)^{-5}$

$K_0 = -700.000€ + 120.000€ \times 1,1^{-1} + 150.000€ \times 1,1^{-2} + 155.000€ \times 1,1^{-3} + 150.000€ \times 1,1^{-4} + 170.000€ \times 1,1^{-5} + 250.000€ + \times 1,1^{-5}$

$K_0 = -700.000€ + 109.091,91€ + 123.966,94€ + 116.453,79€ + 102.245,02€ + 105.556,62€ + 155.230,33€$

$K_0 = 12.544,61€$

Der Kapitalwert für Maschine A beträgt 12.544,61€.

Maschine B

$K_0 = -400.000€ + (180.000€ - 55.000€) \times (1 + 0,1)^{-1} + (195.000€ - 65.000€) \times (1 + 0,1)^{-2}$
$+ (230.000€ - 70.000€) \times (1 + 0,1)^{-3} + 80.000€ \times (1 + 0,1)^{-3}$

$K_0 = -400.000€ + 125.000€ \times 1,1^{-1} + 130.000€ \times 1,1^{-2} + 160.000€ \times 1,1^{-3} + 80.000€ + \times 1,1^{-4}$

$K_0 = -400.000€ + 113.636,36€ + 107.438,02€ + 120.210,37€ + 60.105,18$

$K_0 = 1.389,93€$

Der Kapitalwert für Maschine B beträgt 1.389.93€.

3.2.2 Berechnung interne Zinsfüße

Um den internen Zinsfuß zu berechnen, muss mit der Kapitalwertmethode der jeweilige Kapitalwert mit dem angegebenen Versuchszinssatz berechnet werden. Der Rechenweg-weg ist äquivalent zum bereits oben dargestellten Weg. Die Versuchszinssätze liegen bei $p_1 = 8\%$ p.a. und $p_2 = 12\%$ p.a.

Die folgende Tabelle zeigt die Kapitalwerte mit den genannten Versuchszinssätzen für die Maschine A.

Tabelle 6: Kapitalwert mit den Versuchszinssatz von 8% und 12% für Maschine A

Jahr	Einzahlung - Auszahlung	Versuchszinssatz p_1= 8%		Versuchszinssatz p_2= 12%	
		Abzinsungs-faktor 1,08^{-t}	Barwert	Abzinsungs-faktor 1,12^{-t}	Barwert
1	120.000€	1,08^{-1}	111.111,11€	1,12^{-1}	107.142.86€
2	150.000€	1,08^{-2}	128.600,82€	1,12^{-2}	119.579,08€
3	155.000€	1,08^{-3}	123.044,00€	1,12^{-3}	110.325,94€
4	150.000€	1,08^{-4}	110.254,48€	1,12^{-4}	95.327,71€
5	170.000€	1,08^{-5}	115.699,14€	1,12^{-5}	96.462,57€
Liquiditätserlös	250.000€	1,08^{-5}	170.145,80€	1,12^{-5}	141.856,71€
Summe			758.855,35€		670.694,87€
-Anschaffungskosten			700.000,00€		700.000,00€
Kapitalwert			K$_1$=58.855,35€		K$_2$= -29.305,13€

Zur Errechnung des internen Zinsfußes wird neben den berechneten Kapitalwerten und den festgelegten Versuchszinssätzen die folgende Formel gebraucht:

$$r = p_1 - K_1 \times \frac{p2-p1}{K2-K1}$$

Die folgende Rechnung zeigt den Rechenweg und das Ergebnis für den internen Zinsfuß der Maschine A.

$$r = 8 - 58.855,35€ \times \frac{12-8}{-29.305,13-58.855,35}$$

$$r = 8 - 58.855,35 \times \frac{4}{-88.160,48}$$

$$r = 8 \, (-2,67)$$

$$r = 10,67\%$$

Der ermittelte interne Zinsfuß für Maschine A liegt bei 10,67%

Die folgende Tabelle zeigt die Kapitalwerte mit den genannten Versuchszinssätzen für die Maschine B.

Tabelle 7: Kapitalwert mit den Versuchszinssatz von 8% und 12% für Maschine B

Jahr	Einzahlung - Auszahlung	Versuchszinssatz p_1= 8%		Versuchszinssatz p_2= 12%	
		Abzinsungs- faktor $1,08^{-1}$	Barwert	Abzinsungs- faktor $1,12^{-1}$	Barwert
1	125.000€	$1,08^{-1}$	115.740,74€	$1,12^{-1}$	111.607,14€
2	130.000€	$1,08^{-2}$	111.454,05€	$1,12^{-2}$	103.635,20€
3	160.000€	$1,08^{-3}$	127.013,16€	$1,12^{-3}$	113.884,84€
Liquiditätserlös	80.000€	$1,08^{-3}$	63.506,59€	$1,12^{-3}$	56.942,42€
Summe			417.714,54€		386.069,60€
-Anschaffungskosten			400.000,00€		400.000,00€
Kapitalwert			K_1= 17.714,53€		$K_{2=}$ -13.930,30€

Auch hier erfolgt die Berechnung des internen Zinsfußes mit den berechneten Kapitalwerten und den gegeben Verbrauchszinssätzen anhand der oben genannten Formel.

Die folgende Rechnung zeigt den Rechenweg und das Ergebnis für den internen Zinsfuß
der Maschine B.

$$r = 8 - 17.714,53€ \times \frac{12-8}{-13.930,30-17.714,53}$$

$$r = 8 - 58.855,35 \times \frac{4}{-31.644,93}$$

$$r = 8 \ (-2,24)$$

$$r = 10,24\%$$

Der ermittelte interne Zinsfuß für Maschine B liegt bei 10,24%

3.2.3 Vergleich und Interpretation der Ergebnisse hinsichtlich der Vorteilhaftigkeit

Als Grundlage des Vergleichs gelten die zuvor durchgeführten und oben aufgeführten
Rechnungen. Laut Wünsche (2016) ist die Kapitalwertmethode ist das wichtigste Inves-
titionsrechenverfahren. Es werden zwei alternative Investitionsobjekte verglichen, wobei
das Objekt mit dem höheren Kapitalwert bevorzugt wird. Als lohnend betrachtet wird ein
Investitionsobjekt nur, wenn der errechnete Kapitalwert größer als Null ist. Bei den vor-
liegenden Investitionsobjekten ist der Kapitalwert der Maschine A (= 12.544,61€) und
auch der Kapitalwert der Maschine B (= 1389,93€) positiv. Durch dieses Ergebnis gelten
beide Objekte als vorteilhaft und lohnen, jedoch ist der Kapitalwert der Maschine A mit
12.544,61€ größer als der Wert der Maschine B mit 1.389,93€, weshalb Maschine A anhand dieser Rechnung zu bevorzugen ist. Die Rentabilität einer Investition wird durch die
interne Zinsfußmethode ermittelt. Weber, Bramsemann, Heneke und Hirsch (2017) defi-
nieren den internen Zinsfuß als Zinssatz, bei dem der Kapitalwert des Investitionsobjekts
über die gesamte Nutzungsdauer vor Zinszahlung gleich Null ist, dadurch ist er der ma-
ximal erlaube Kapitalkostensatz. Die Beurteilung anhand der internen Zinsfußmethode

ist nicht so eindeutig. Für diese Methode wurden zwei Versuchszinssätze mit 8% und 12% gewählt. Der Kalkulationszinssatz in dieser Aufgabe ist mit 10% angegeben. Hauptaufgabe dieser Methode ist es, die angegeben Zinssätzen, mit dem errechneten internen Zinsfuß zu vergleichen. Für die Maschine A wurde ein interner Zinsfuß von 10.67% und für die Maschine B von 10,24% berechnet. Werden diese beiden internen Zinsfüße mit dem Versuchszinssatz von 8% verglichen, gelten beide Investitionsobjekte als absolut vorteilhaft. Gleiches trifft auch beim Vergleich mit dem Kalkulationszinssatz von 10% zu. Nur bei dem Vergleich mit dem Versuchszinssatz von 12% gelten beide Objekte als absolut unvorteilhaft. Sollten zur Beurteilung der Kalkulationszinssatz oder der Versuchszinssatz von 8% herbeigezogen werden, dann würde Maschine A bevorzugt werden, da dieses Objekt den höheren internen Zinsfuß aufweist.

3.2.4 Beurteilung der Kapitalwert- und internen Zinsfußmethode einzelner Investitionsobjekte und Vergleich sich gegenseitig ausschließender Investitionsobjekte

Die Kapitalwertmethode und die interne Zinsfußmethode führen nicht immer zu gleichen Entscheidungen bei Investitionen. Unterschiede in den Entscheidungen ergeben sich, wenn Dauer oder die Summe der Investition, sowie die zeitliche Struktur verschieden sind (Brecht, 2012, S. 192). Bei mehrfachen Vorzeichenwechseln von Kapitalflüssen während der Laufzeit ergeben sich rechnerisch mehrere interne Zinsfüße und dadurch eine Mehrdeutigkeit bei der Entscheidungsfindung. Die Beurteilung welcher interne Zinsfuß der relevante ist, ist dadurch nicht mehr möglich. Zusätzlich kann der Wechsel der Vorzeichen auf dazu führen, dass sich kein interner Zinsfuß ermittelt lässt und dadurch eine Nicht-Existenz vorliegt. Damit in diesem Fall eine Entscheidung getroffen werden kann, sollte Kapitalwertmethode das Verfahren sein, womit die Entscheidung für eine Investition fallen sollte (Rüdt von Collenberg & Schuster, 2017, S. 82-83). Bei sich gegenseitig ausschließenden Investitionsobjekten besteht die Möglichkeit, dass die Vorteilhaftigkeitsentscheidung anhand der Kapitalwertmethode und der internen Zinsfußmethode im Widerspruch steht. Ist beispielsweise beim Investitionsobjekt A der Kapitalwert größer, als beim Investitionsobjekt B, kann der interne Zinsfuß beim Objekt B größer sein als beim Objekt A. Da die Entscheidung eigentlich auf das Objekt mit dem höheren Kapitalwert oder internen Zinsfuß fällt, wird bei dem oben beschrieben Zustand die Entscheidung auf das Objekt mit dem höheren Kapitalwert fallen. Die Kapitalwertmethode ist der internen Zinsfußmethode bei der Beurteilung und Entscheidung vorzuziehen (Rüdt von Collenberg & Schuster, 2017, S.86).

3.2.5 Kritische Betrachtung der internen Zinsfußmethode

Durch die willkürlich festgelegten Versuchszinssätze bei der internen Zinsfußmethode, wird auf Basis von Annahmen gearbeitet und gerechnet. Zum Zeitpunkt des Vergleichs der Vorteilhaftigkeit zwischen Objekt A und B ist nicht eindeutig mit welchem gegeben Zinssatz der errechnete interne Zinsfuß verglichen werden soll. Durch diese willkürliche Auswahl und die dadurch entstehenden Entscheidungen können falsche Investitionen getroffen werden. Auf Grundlage der oben genannten Punkte ist die interne Zinsfußmethode kein aussagekräftiges und verlässliches Verfahren, welches bei Investitionsentscheidungen allein betrachtet werden sollte.

3.3 Funktionale Zusammenhänge

Die nachfolgende Abbildung zeigt den funktionalen Zusammenhang vom Kapitalwert und Kalkulationszinssatz an.

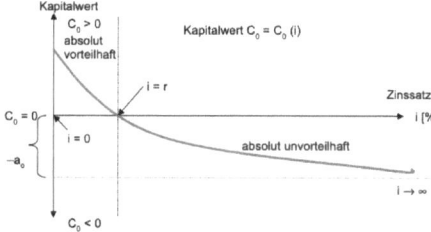

Abbildung 2: Funktionaler Zusammenhang von Kapitalwert und Kalkulationszinssatz (Schuster & Rüdt von Collenberg, 2017, S.58)

Die Anfangsauszahlung, die dem Barwert zum Zeitpunkt t_0 entspricht, ist unabhängig vom Kalkulationszinssatz und wird dem entsprechend nicht mit i abgezinst. Der Kapitalwert ist abhängig vom Kalkulationszinssatz, d.h. je höher der Kalkulationszinssatz ist, desto niedriger ist der Kapitalwert. Der Schnittpunkt vom Graphen mit der Ordinate entspricht bei einem Kalkulationszinssatz von Null dem Kapitalwert und ist die Summe der Zahlungsreihe. Eine Investition gilt als absolut vorteilhaft, wenn der Kapitalwert größer null ist und dem entsprechend als absolut unvorteilhaft, wenn der Kapitalwert kleiner null ist. Ein positiver Kapitalwert erwirtschaftet mehr Gewinn als eine Anlage bei der Bank mit einem festgeschriebenen Zinssatze. Wenn sich der Graph und die Abszisse schneiden, entspricht i gleich r und der Kapitalwert ist null. Eine Investition ist dann weder vorteil-haft noch unvorteilhaft, denn dadurch wird nur der Kalkulationszinssatz und kein Gewinn erwirtschaftet. Der interne Zinsfuß gilt als Mindestverzinsung, ist der Kapitalwert also negativ ist das Objekt als unvorteilhaft einzustufen. (Schuster & Rüdt von Collenberg, 2017, S. 57-60).

3.4   Kritische Betrachtung der Kapitalwertmethode

Der Kalkulationszinssatz ist der geforderte Mindestzinssatz des Investors und die damit die Basis der Investitionsentscheidung. In diesen Zinssatz wird neben einem Risikoauf-schlag, auf die branchenübliche Verzinsung und die voraussichtliche steuerliche Belas-tung mit einberechnet (Hesse & Hesse, 2021, S.26). Werden Entscheidungen anhand der Kapitalwertmethode getroffen, wo wird Investoren oft unterstellt, dass sie nur an der Ka-pitalmaximierung interessiert sind und Nebenbedingungen wie die Sicherung der Liqui-dität nicht berücksichtigt werden. Des Weiteren wir bei der Methode jede Investition ein-zeln isoliert betrachten und die Annahme geschafft, dass bei Ergänzungsinvestitionen der Kapitalwert Null ist. (Busse von Colbe, Laßmann & Witte, 2015, S.110-111). Die Kapi-talwertmethode wird in verschiedensten Fachliteraturen als die wichtigste Investitionsre-chenmethode genannt. Gründe dafür sind neben der wissenschaftlichen Überzeugung, die einfache Anwendung und leichte Interpretierbarkeit (Schuster & Rüdt von Collenberg, 2017, S.59-60). Als Abschluss lässt sich festhalten, dass die Kapitalwertmethode eine realistische Methode zur Einschätzung von Investitionsentscheidungen ist, auch wenn die Daten Schätzwerte sind. Auch die einfache Anwendung, ohne tiefgründige Kenntnisse ist neben der schnellen und eindeutigen Interpretation der Werte ein wichtiger Aspekt dieser Methode.

4 Literaturverzeichnis

Brecht, U. (2012). *BWL für Führungskräfte. Was Entscheider im Unternehmen wissen müssen* (2. Auflage). Wiesbaden: Springer Gabler.

Busse von Colbe, W., Laßmann, G. & Witte, F. (2015). *Investitionstheorie und Investitionsentscheidungen* (4. Auflage). Berlin Heidelberg: Springer.

Heese, B. & Heesen, M. J. (2021). *Investitionsrechnung für Praktiker. Fallorientierte Darstellung der Verfahren und Berechnungen* (4. Auflage). Wiesbaden: Springer Gabler

Kühnapfel, J. (2017). *Vertriebscontrolling. Methoden im praktischen Einsatz* (2. Auflage). Wiesbaden: Springer Gabler.

Schuster T. & Rüdt von Collenberg, L. (2017). *Investitionsrechnung: Kapitalwert, Zinsfuß, Annuität, Amortisation.* Berlin: Springer Gabler.

Weber, J. & Bramsemann U. (2017). *Werteorientierte Unternehmenssteuerung. Konzepte – Implementierung – Praxis Statement* (2. Auflage). Wiesbaden: Springer Gabler.

Wünsche, M. (2016). *Finanzwirtschaft der Bilanzbuchhaltung IHK Mit Übungsklausuren für die Prüfung* (4. Auflage). Wiesbaden: Springer Gabler.

5 Abbildungs- und Tabellenverzeichnis

5.1 Abbildungsverzeichnis

5.2 Tabellenverzeichnis